SOUHAITS

DE

BONNE ANNÉE

ADRESSÉS AU CITOYEN

LOUIS-NAPOLÉON BONAPARTE

Président de la République française.

SOUHAITS

DE

BONNE ANNÉE

ADRESSÉS AU CITOYEN

LOUIS-NAPOLÉON BONAPARTE

Président de la République française,

ET ACCOMPAGNÉS DE

LA VÉRITÉ

POUR SES ÉTRENNES.

PAR LE CITOYEN PHILIPPE LAVERGNE.

PARIS.

CHEZ POMMERET ET MOREAU, IMPRIMEURS,

Quai des Grands-Augustins, 17.

ET CHEZ LES MARCHANDS DE NOUVEAUTÉS.

1849.

ENVOI.

Creteil près Paris, fin décembre 1848 (1).

CITOYEN PRÉSIDENT,

Je vous souhaite une bonne année, suivie de trois autres, puisque telle est la durée de votre carrière présidentielle.

Je vous apporte en cadeau ce que vous ne devez pas plus attendre désormais de vos amis que de vos ennemis.

Acceptez aujourd'hui encore *la vérité* comme un antidote, car, dès demain, vous serez empoisonné par le *mensonge* officieux et officiel.

Lorsque vous entendrez les harangues auxquelles vous condamne l'usage, souvenez-vous de cet artisan romain qui, un peu avant la bataille d'Actium, avait fait l'éducation politique de deux perroquets. L'un savait dire : *Vive Antoine le victorieux*, l'autre : *Vive le victorieux Octave ;* et notre homme attendait dans l'indifférence que le sort des combats lui désignât l'oiseau bon à mettre en scène.

Ceux d'entre vos *complimenteurs* pour qui l'improvisation est difficile auront pris, n'en doutez pas,

(1) La publication de cet opuscule a été retardée par des circonstances indépendantes de la volonté de son auteur.

des précautions analogues, pendant les incertitudes de la lutte électorale dont vous sortez vainqueur. Il en est plus d'un qui, outre le discours qu'il vous débitera, a ébauché un *compliment Cavaignac*, un *compliment Ledru-Rollin*, peut-être même un *compliment Raspail*, et l'encens destiné à cet austère démocrate n'est, soyez-en sûr, ni plus ni moins nauséabond que celui qui fumera devant vous.

Avant donc de livrer vos oreilles aux courtisans, écoutez la parole rude et loyale d'un Français obscur qui ne courtisa jamais personne.

Citoyen Président, je ne vous *aime* ni ne vous *hais*; je ne *crains* ni *n'espère* rien de vous pour mon propre compte; mais j'*aime* passionnément *ma patrie*, et je *crains* tout pour elle, si vous n'êtes pas capable d'entendre et d'accueillir *la vérité*.

Agréez, citoyen Président, l'assurance de mon dévouement conditionnel.

PHILIPPE LAVERGNE.

LA VÉRITÉ.

Vous arrivez au pouvoir dans les conditions les plus défavorables. D'abord c'est par le bénéfice indirect de l'hérédité que vous occupez un poste électif, ce qui est tout à la fois très-illogique et très-périlleux.

Ensuite, vous acceptez le fardeau du monde, sous prétexte que vous vous appelez *Atlas*; mais ce n'est pas le *nom* du géant qu'il faudrait avoir, ce sont *ses épaules*.

Enfin, vous êtes le premier magistrat d'une République, et vos antécédents sont *peu républicains*. Je ne parle point de votre personne, que je ne connais que par vos partisans et vos adversaires, ce qui revient précisément à ne pas la connaître.

Les optimistes qui vous entourent ne manqueront pas d'opposer à ces divers inconvénients, comme un correctif absolu, les millions de voix qui vous ont proclamé, et l'investiture que vous a donnée d'une manière si éclatante le peuple souverain.

J'ai toujours cru à la souveraineté du peuple, je ne croirai jamais à son infaillibilité.

Pour savoir quelle force vous pouvez puiser dans ces innombrables suffrages, laissons de côté leur valeur arithmétique, et occupons-nous de leur signification politique et morale. On les a comptés hier, c'est bien; pesons-les aujourd'hui. La besogne des scrutateurs est finie, celle des analystes commence.

Décomposons ce merveilleux total, afin d'en apprécier les éléments séparés.

Vos électeurs peuvent, si je ne me trompe, se diviser en trois grandes catégories :

1° *Les croyants* de la classe plébéienne, ces bons paysans qui ne voient en Louis-Napoléon que le neveu de son oncle, et ont obéi, en vous préférant, à un entraînement irrésistible que j'appellerais volontiers *la superstition de la gloire;*

2° *Les craintifs de la bourgeoisie*, aux yeux desquels le prestige napoléonien est un bouclier contre l'anarchie;

3° *Les roués de l'aristocratie*, qui s'imaginent, sur la foi d'une vaine analogie, qu'en passant par un Napoléon on aboutit nécessairement à une restauration, et qu'une idolâtrie quelconque doit précéder leur fétichisme.

Je ne compte pas la tourbe des ambitieux et des intrigants, mauvaise queue de tous les partis qui trop souvent se place à leur tête.

Cette multitude qui a porté le candidat, appuiera-t-elle le président? Les fauteurs de la veille seront-ils les soutiens du lendemain? En un mot, quel concours devez-vous espérer, dans l'exercice de la puissance, de ceux-là mêmes qui vous l'ont conférée?

1° *Les habitants de nos campagnes*, épars sur le sol, sans lien commun, et laissés à dessein dans l'ignorance par les monarchies, se bornent d'ordinaire à un rôle passif, et sont (sauf le cas exceptionnel de l'élection) les moins influents, quoique les plus utiles d'entre les citoyens. Leur attachement pour vous fût-il durable, demeurerait stérile et sans portée; d'ailleurs, *vos répondants* ont tant promis à ces crédules villageois, que vous aurez probablement plus à éluder leur exigence qu'à mettre à profit leur dévouement.

2° *Les bourgeois*, que le besoin de leur propre sûreté dirige exclusivement dans le choix d'un gouvernant, ne sont pas pour lui des amis bien *sûrs* dans les circonstances critiques. De tels auxiliaires resteront avec vous autant de temps que vous pourrez vous passer d'eux.

Quant aux traîtres (car il n'y a pas d'autre qualification qui leur convienne) qui veulent faire de vous un instrument à guerre civile, et qui ne vous considèrent que comme le précurseur indispensable de leur *Messie*, vous savez ce que vous avez à attendre d'eux : *des services à la Bourmont.* —

Donc, garde à vous ! N'oubliez pas qu'entre ces gens-là et le neveu de l'ogre de Corse, il y a un abîme que leur hypocrisie a jonché de bulletins pour vous y faire plus sûrement tomber (1).

Ainsi donc, parmi vos adhérents, les uns ne vous prêteront qu'un appui précaire ou inconsistant ; les autres vous tendront des embûches à chaque pas, jusqu'au jour qu'ils ont fixé d'avance pour les hostilités déclarées. Il n'y a rien de bien rassurant dans ce premier résultat de ma consciencieuse analyse. Ce n'est pas tout ; tandis que vous serez mal défendu ou trahi par votre majorité, vous serez vigoureusement assailli par la minorité opposante ; et je n'entends parler ici que des attaques qui peuvent avoir lieu sur le terrain constitutionnel, car la terrible leçon de juin a profité, je l'espère, à tous les Français, excepté peut-être à ceux qui sont habitués à triompher par le secours des baïonnettes étrangères. Quoi qu'il en soit, cette guerre légale, quand elle est incessante et acharnée, n'en est pas moins très-redoutable et très-difficile à soutenir de la part de celui qui gouverne. Passons maintenant à la classification des votes qui vous ont été contraires.

Ceux qui repoussaient votre candidature se divisent comme ceux qui l'ont fait prévaloir. Ce sont en effet :

1° Les *républicains timorés*, tristement préoccupés des souvenirs de *brumaire* ;

2° Les *montagnards*, ennemis prononcés de l'institution même de la présidence ;

3° Les *socialistes*, auxquels vous semblez fermer les portes de l'avenir par votre déclaration sans réserve contre des théories que vous qualifiez de *subversives*.

(1) Le plan d'une fraction déloyale du parti légitimiste (que je suis loin de comprendre tout entier sous cette désignation sévère) est assez connu du public. Ses auteurs eux-mêmes le proclament, et lorsqu'il m'est arrivé de m'égarer dans les salons de la capitale, j'ai entendu des fonctionnaires qui reçoivent de riches traitements de notre indigente République souhaiter hautement le retour de la royauté légitime.

Il est superflu de mentionner les *opposants par intérêt*, qui, de l'état de *satisfaits* sous le régime auquel vous succédez, retombent sous le régime actuel dans la condition de *mécontents*.

Citoyen Président, l'exil ne vous a pas permis d'étudier par vous-même le caractère et les diverses tendances des Français, vos contemporains.

Il est probable que vous méconnaissez, je ne dis pas le *mérite* (attendu que je ne veux pas aborder ici les questions de principe), mais la puissance de l'opposition dont vous allez avoir à neutraliser les efforts.

1° *Le premier groupe* comprend des hommes à convictions loyales et éclairées. Chez eux le républicanisme, quelle que soit sa date, se confond pour toujours avec le sentiment de la probité politique. Votre nom, qui paraît à plusieurs une garantie, est à leurs yeux un grave motif de suspicion, et ils exerceront sur votre conduite gouvernementale une surveillance active, continuelle, minutieuse, incommode, si toutefois elle ne devient pas insupportable.

2° *Le second* est assez caractérisé par la dénomination qu'on lui applique et qu'il accepte. Gardez-vous de prendre les nouveaux montagnards pour des parodistes, comme certains bouffons de cour pourraient vouloir les représenter! La plupart ont fourni des preuves irrécusables de leur indomptable énergie. Ils ne redoutent pas plus la persécution républicaine, qu'ils n'ont redouté la persécution monarchique. Vous les trouverez toujours sur la brèche, ardents, infatigables, n'accordant au pouvoir ni paix ni trève, pas plus qu'ils ne lui demandent d'indulgence et n'en attendent de merci.

3° *Le troisième* est le plus nombreux et le plus redoutable sans contredit. Il renferme ces ouvriers des villes, intrépides et intelligents, soldats et penseurs, qui savent vaincre en révolution, et ne savent pas profiter de la victoire, parce qu'ils se fient à des guides infidèles, et jugent de la bonne foi d'autrui par leur propre loyauté.

Je suis loin d'approuver la plupart des doctrines vagues ou dangereuses auxquelles ils accordent par dépit leur vaillante adhésion. Je sympathise fort peu avec les apôtres ambitieux ou monomanes qui cherchent à fonder la religion du désespoir dont ils se réservent le souverain pontificat. Je me borne à l'énonciation des faits, et je vous affirme, citoyen Président, que l'on vous trompe odieusement si l'on vous montre le socialisme comme en voie de décroissance et sur le point de disparaître entièrement (1).

Il se développe en raison directe de la souffrance publique, et si celle-ci continue à s'accroître dans d'effrayantes proportions, il sera bientôt temps de dire des socialistes ce que Siéyès disait du tiers-état : Qu'ont-ils été jusqu'ici ? Rien. Que sont-ils maintenant? Tout. Or, citoyen Président, on vous dépeint à ces hommes, que leurs maux exaspèrent, comme un Philippe II d'Espagne, ou un Charles IX de France, prêt à employer contre les hérésies sociales les benins procédés auxquels ces monarques ont eu recours pour extirper les hérésies religieuses. Jugez des dispositions que nourrissent à votre égard ces nouveaux protestants, à qui l'on présente en votre nom la perspective d'une nouvelle Saint-Barthélemy!

D'après ce recensement, dont l'exactitude ne saurait être contestée, il ne semble pas que vous deviez trouver dans la population française ce concours moral sans lequel tout pouvoir naissant est frappé à l'avance d'une incurable paralysie.

(1) On sait aujourd'hui qu'un grand nombre de socialistes ont voté pour M. Louis-Napoléon par antipathie contre M. le général Cavaignac, ou pour diverses causes, dont aucune ne comporte l'abandon de leurs croyances. Il faut donc se garder d'admettre avec un journal qu'il n'y a que 37,000 Français de cette catégorie, parce que M. Raspail n'a eu que 37,000 voix. Le socialisme se propage et se discipline de jour en jour, et non seulement il s'empare des travailleurs de la cité, mais il gagnera vos paysans à leur premier désappointement, et vos soldats à leur première humiliation.

L'Assemblée nationale suppléera-t-elle du moins, par une entente cordiale, à ce qui manque au chef de la puissance exécutive de la part du pays? Il est permis d'en douter, quand on songe aux préventions, non fondées sans doute, que plusieurs de ses membres ont conçues contre vous. Ces préventions, ils s'efforceront de les faire taire dans un esprit de justice et de concorde; mais ils ne pourront guère les effacer entièrement de leur âme, et les y remplacer par une confiance propre à établir l'harmonie indispensable à la direction suprême des affaires.

L'armée vous obéira certainement, dans les limites de vos prérogatives constitutionnelles; mais l'enthousiasme, auquel semblent la prédisposer de grands souvenirs, aura bien vite fait place au désenchantement, si, selon le bruit que répandent vos équivoques et temporaires alliés, c'est du *Napoléon de la paix*, et non pas du *Napoléon de la guerre* que vous vous faites le continuateur, ou si même (voyez jusqu'où va l'audace de leurs suppositions), émule de l'illustre vainqueur du Trocadéro, vous allez étouffer la liberté des peuples au profit de la Saint-Alliance.

Citoyen Président, j'ai signalé avec sincérité, sans exagération et sans réticence, les dangers et les embarras qui vous environnent. Je les résume et les caractérise par un mot énergique, quoique trivial : *La position telle qu'elle est n'est pas tenable*. Hâtez-vous d'en sortir. Notre salut à tous et votre salut personnel l'exigent impérieusement. En sortir! et comment? Ah! de grâce, citoyen Président, n'allez pas consulter sur cette question de vie ou de mort ces empiriques de malheur qui ne connaissent que trois remèdes : *la force,— la ruse, — la corruption*. Ne vous en rapportez pas non plus à ces praticiens timides qui redoutent par dessus tout la responsabilité et n'opposent aux maladies terribles et inconnues jusqu'ici que les inutiles palliatifs de la routine.

Isolez-vous plutôt, et invoquez solitairement *le génie de la patrie*, ce démon familier qui daignait parfois apparaître aux grands citoyens de l'antiquité. Si vous l'interrogez avec une foi fervente, il vous répondra, soyez-en sûr, et la France sera sauvée. Il vous criera d'abord d'une voix tonnante qu'un coup d'état, quel qu'en fût le prétexte, serait crime et délire, et que les gémonies de l'histoire attendent celui qui ferait de nouveau saigner nos plaies douloureuses, tandis qu'il a mission de les cicatriser.

« C'est moi, ajoutera-t-il, qui apparus aux deux Césars, « à celui de Rome et à celui de Paris, après un intervalle « de dix-huit siècles, la veille de leurs plus néfastes « journées.

« Au premier, je permis de passer le Rubicon, ce filet « d'eau maigre et stagnant, triste symbole de la défaillance « romaine qui demandait un maître. Au second, je défendis « de franchir le torrent révolutionnaire dont le bouillon- « nement sublime, quoique menaçant, murmurait les no- « bles passions d'un peuple fait pour la liberté.

« Le premier a péri par le poignard de Brutus, parce « que, après tout, la tyrannie, même opportune, est tou- « jours criminelle. Le second était un puissant pilote, ce- « pendant sa barque a sombré et son corps a été jeté par « les flots vengeurs sur la plage de Sainte-Hélène. »

Si l'ange gardien des nations et de leurs pasteurs vous trouve docile à ses avertissements salutaires; s'il lit gravé dans votre conscience le serment républicain que votre bouche a proféré naguère, oh! alors il n'aura plus rien à vous refuser, il vous révélera le mot de la grande énigme gouvernementale et le secret de la vraie science humanitaire, qui n'est pas, bien entendu, celle des Machiavel, des Talleyrand ou des Metternich.

Mais, hélas! il se fait autour de vous beaucoup de tumultes intéressés, et peut-être vous sera-t-il impossible de provoquer assez promptement et de recueillir assez nettement les conseils de ce divin révélateur. Permettez-moi donc d'être auprès de vous son humble, mais fidèle interprète. Il m'est possible, je crois, de vous parler en son nom, car depuis que je pressens votre avénement à la présidence, je l'interroge continuellement sur la tâche immense et glorieuse que vous avez à remplir, et il consent souvent à me répondre pour récompenser le culte pieux que lui a voué mon ardent patriotisme.

Citoyen Président, voulez-vous que les Français vous aiment, faites d'abord qu'ils s'aiment entre eux. Ne songez pas à vous défendre contre telle ou telle faction, ni à rallier à vous tel ou tel ennemi. Votre véritable adversaire, c'est notre *discorde*. Tant qu'il y aura *deux Frances*, l'une d'elles sera contre vous, jusqu'à ce que les deux vous soient hostiles. Si vous savez obtenir qu'il n'y en ait plus qu'une, cette France unitaire et totale, dont vous aurez fait cesser le long et cruel déchirement, sera *éternellement napoléonienne.*

Négligez les dissentiments partiels, les opinions factices ou excentriques, les intrigues coupables, les conspirations même, s'il en couve quelque part... et ne voyez qu'une chose... le funeste antagonisme qui met aux prises deux classes de citoyens: ceux qui possèdent et ceux qui ne possèdent pas.

Tout est là.

Or, savez-vous, citoyen Président, ce qu'il y a entre eux? Un *simple malentendu.* Qu'il cesse par vous, et vous jouirez de votre vivant des honneurs de l'apothéose.

Gardez-vous surtout de vous poser comme le champion des uns ou des autres. Jouez le rôle d'un arbitre impartial, d'un conciliateur affectueux, et tâchez de régler à la satisfaction commune un différent qui compromet la durée de la civilisation et les destinées de l'humanité.

Mais d'abord... amnistie, — amnistie, car il n'y a rien de tel que *les gémissements* pour empêcher les hommes de s'entendre.

En outre, avant d'aborder la cause, constatons que les deux parties sont honnêtes et loyales, disposées à la conciliation, et que, depuis longtemps, un bon arrangement serait intervenu entre elle, si les gens d'affaires politiques n'avaient envenimé les griefs, embrouillé les questions, calomnié les intentions réciproques, enfin s'ils n'avaient prodigué, pour perpétuer le débat, les moyens procéduriers dont leurs confrères de la chicane leur ont apparemment communiqué la recette (1).

A ceux qui prétendent que dans notre France, naturellement et sans suggestion aucune, *la bourgeoisie hait le peuple..... le peuple hait la bourgeoisie*, je réponds hardiment *qu'ils en ont menti*. La bourgeoisie presque entière est *peuple* en souvenir, le *peuple est bourgeoisie* en espérance, et le meurtre de l'une de ces deux classes par l'autre aurait le caractère et les conséquences d'un véritable suicide.

Non ! mille fois non! les enfants d'une même patrie ne se détestent pas ainsi qu'on le prétend, seulement ils se trompent sur leurs dispositions mutuelles. Mais l'instinct de la fraternité résiste victorieusement chez eux aux excitations de toute nature. Lors même qu'on parvient à leur persuader qu'ils sont haïs de leurs frères, on ne les décide pas à rendre haine pour haine à ceux qu'ils méconnaissent et dont ils sont méconnus.

On dirait, au contraire, que, malgré l'animosité qui éclate

(1) Non seulement les deux classes dont il s'agit ont toujours tendu à un rapprochement, mais elles y tendent plus que jamais, et l'effectueront peut-être par l'heureuse propension qui les pousse l'une vers l'autre; cependant, elles sont séparées par beaucoup d'obstacles et de préjugés que le gouvernement peut déblayer. En accélérant ainsi une réunion si désirable, il s'acquerrait des titres à la reconnaissance de la population tout entière. Un symptôme, local il est vrai, mais néanmoins significatif, me fait présumer qu'il y aurait opportunité à intervenir pour activer la réconciliation. Dans la petite commune que j'habite, il a été reconnu par les habitants que le moment d'oublier le passé était arrivé. En conséquence, les personnes qui appartiennent aux partis les plus opposés, se sont réunies dans un banquet politique, où il y a eu discussion sans dispute aucune, et où l'on s'est promis de pratiquer la fraternité, abstraction faite des diverses nuances d'opinion. Il y a là une initiative qu'il me semble utile de signaler. Puissent les cités orgueilleuses ne pas rougir d'imiter l'exemple que leur donne un modeste village !

dans leurs propos, ils luttent ensemble d'intentions généreuses et de procédés délicats. C'est justement dans ce qui fait l'objet de leur contestation la plus passionnée que je trouve la preuve incontestable de leurs dispositions amicales.

« *Je vous hais*, s'écrie le bourgeois, et je veux inscrire « en votre faveur dans la Constitution *le droit à l'assistance*, c'est-à-dire l'obligation de faire pour vous venir « en aide, à l'occasion, des sacrifices qui, pour moi, de- « meureront improductifs. »

« *Je vous hais*, répond le prolétaire, et je refuse des « secours qui ne vous seraient qu'onéreux, parce que je « préfère *le droit au travail*, qui, en me faisant vivre, aug- « mentera votre richesse. »

En vérité, on ne s'y prendrait pas autrement pour se témoigner le plus fraternel dévouement.

Oh! s'il se dépensait autant d'activité, de passion et de talent pour unir les hommes qu'il s'en dépense pour les diviser, qui doute que l'âge d'or ne devînt au plus tôt une réalité.

Voilà pourtant à quoi se réduit le mauvais vouloir de ces implacables antagonistes, sur le seul point qui provoque entre eux au sérieux dissentiment. Le procès ne gît plus que dans cette alternative : *le droit à l'assistance ou le droit au travail*. Hors de là les prétentions des uns sont chimériques, les terreurs des autres sont puériles, et toutes les préoccupations fâcheuses des deux classes, soigneusement entretenues et exagérées par d'habiles spéculations, s'évanouiraient comme par enchantement, si cet unique problème venait à recevoir une solution équitable, rationnelle et pratique.

En effet, les doctrines socialistes diffèrent entre elles presque autant qu'elles s'éloignent de la vieille croyance conservatrice. Si les sectaires qui les professent venaient à triompher, il leur serait vraisemblablement impossible de se concerter sur la rédaction d'un programme commun. Cependant il est à remarquer qu'ils s'accordent tous sur la légitimité du *droit au travail*, proclamé également par les politiques de la Montagne, et en outre par beaucoup de citoyens indépendants qui ne sont enrôlés sous aucune bannière. Or, l'unanimité de ces opinions, fussent-elles présumées utopistes, prouve non pas que la thèse est irréfutable, mais du moins qu'elle est soutenable, et ne présente ni absurdité saillante, ni évidence négative.

Au surplus, les conservateurs en ont jugé ainsi, puisqu'ils ont engagé dans ce débat leurs plus éloquents orateurs et leurs plus vigoureux dialecticiens. Il serait donc injuste de reléguer dédaigneusement une telle donnée dans la région super-astrale où s'élèveront tôt ou tard les conceptions nuageuses de MM. Proudhon et consorts. En admettant qu'elle ne pût pas être actuellement traitée, il faudrait tout au plus la déposer provisoirement dans la sphère sublunaire du progrès, qui est à notre portée, et où l'idéal mûrit souvent assez pour se transformer en réel et recevoir son application sur le monde terrestre.

Pour moi, je suis convaincu qu'il est urgent et possible de la résoudre dès aujourd'hui de la manière la plus satisfaisante pour tous, et je ne doute pas, citoyen Président, que sa solution *immédiate* ne soit pour vous le *meilleur moyen* de sortir de *la trop difficile situation* dans laquelle vous vous êtes placé.

Je n'ignore pas que la discussion sur ce sujet a été longue, vive, opiniâtre et savante, et pourtant je la crois loin d'être épuisée. Je pense même qu'elle n'a pas *utilement commencé*, attendu que les avocats *du droit au travail* ont affirmé *l'existence abstraite* de *ce droit* sans indiquer comment il pourrait s'exercer, et que leurs contradicteurs se sont bornés à opposer *une fin de non recevoir*, tirée d'une prétendue incompatibilité entre *ce droit* et celui de la *propriété*, qui est, selon eux, antérieur, plus essentiel et plus respectable. On sait d'ailleurs qu'un socialiste célèbre leur a fourni cette objection par des paroles que ses amis qualifient de maladroites, et que je considère, moi, comme entièrement dénuées de sens. Quoi qu'il en soit, la bourgeoisie n'a pas d'autre motif que cette incompatibilité supposée pour repousser les réclamations du prolétariat. Ce qui le montre, c'est qu'elle lui concède (afin d'atténuer son déni) *le droit à l'assistance*, moins compromettant en apparence à l'égard du libre arbitre et de la sécurité des propriétaires.

Nous voici donc en présence du principe fondamental de la société.

Les idées de *société* et de *propriété* sont inséparables. La *propriété* n'est pas un *vol*. Quiconque l'affirme est encore plus insensé que criminel ; mais la propriété est un *monopole* si elle n'est pas accessible à tous les membres de la communauté. Il n'y a qu'une organisation sociale possible, et c'est la nôtre ; de même qu'il n'y a qu'un état de nature, et c'est celui des sauvages. Mais cette organisation peut être plus ou moins rudimentaire ou perfectionnée. La société dans laquelle nous vivons n'est pas trop vieille, comme on le lui reproche : elle est trop jeune, et il s'agit non pas de la transformer, puisqu'il n'existe pas d'autre moule, mais de la parfaire graduellement jusqu'à ce qu'elle ait atteint son développement complet.

Le droit de propriété étant le principe de la société, il est clair que plus ce principe reçoit d'applications et plus elle progresse, si bien que si tous les citoyens étaient propriétaires, elle serait parfaite, et qu'elle se rapproche ou s'éloigne de la perfection, selon que le nombre de ceux qui possèdent augmente ou diminue.

Il n'y a que deux conditions logiques pour l'homme social : être possédé lui-même ou posséder quelque chose.

L'esclavage est monstrueux, mais conséquent : car si l'esclave est assimilé à l'animal domestique, il est, ainsi que lui, dégagé de la nécessité de pourvoir à ses besoins.

Le prolétariat est une situation anormale, irrationnelle et qui ne devrait être que le pis-aller des incapacités absolues, physiques ou morales.

C'est-à-dire qu'une volonté énergique devrait suffire à chacun pour parvenir au propriétariat.

Le prolétariat ne se conçoit que chez les peuples qui prélèvent des tributs énormes sur les autres, soit par la conquête comme la Rome ancienne, soit par l'industrie comme l'Angleterre moderne. Encore est-il chez ces nations favorisées une cause de convulsions fréquentes et de continuelles alarmes, malgré *l'assistance* coûteuse qui atténue ses désastreuses conséquences.

La supériorité sociale de la France (que le malaise momentané qu'elle subit ne doit nullement faire mettre en doute) provient surtout de ce que, chez elle, le nombre des propriétaires est relativement plus considérable que partout ailleurs. Ce nombre est néanmoins beaucoup trop restreint. Personne ne nie l'utilité qu'il y aurait à le voir s'accroître presque indéfiniment : on conteste seulement la possibilité de cette augmentation indéterminée.

L'objection serait fondée s'il n'existait qu'une sorte de propriété ; celle qui repose sur le sol se nomme immobilière, et ne comprend que la matière possédée. Car la division dea l terre a presque atteint ses dernières limites par l'abolition du droit d'aînesse, la vente des biens nationaux, etc., etc. ; et quoique la colonisation nous offre d'immenses ressources, ce n'est pas par l'extension du *propriétariat* territorial que l'extinction graduelle du *prolétariat* pourra se réaliser.

Mais il existe une seconde espèce de propriété, celle que nous nommons commerciale ou mobilière, et dans laquelle s'amalgament le prix intrinsèque des matières et la plus value qui résulte de l'exploitation humaine. Les propriétaires de cette catégorie sont déjà très-nombreux, et le deviendront davantage, lorsque, grâce à l'association, les ouvriers seront maîtres du fonds dans une proportion quelconque, et que le *morcellement industriel* se trouvera en rapport avec le *morcellement territorial.*

Enfin, il existe une troisième propriété, qui est dégagée de tout alliage matériel, et ne consiste absolument que dans l'emploi heureux ou habile de nos facultés, comme, par exemple, la clientelle de l'avocat, du médecin et de l'homme de lettres qui s'est assuré des lecteurs. Cette classe de propriétaires a toujours existé, et n'a jamais inspiré le moindre effroi; et c'est dans son sein que le *droit au travail*, sagement compris, a pour but de faire rentrer la masse des prolétaires trop longtemps inorganisée. Le *droit au travail* crée des propriétés nouvelles et n'attaque en rien les propriétés préexistantes. L'allégation d'incompatibilité ayant disparu, est-il nécessaire d'établir que le *droit au travail*, reconnu praticable, est préférable au *droit à l'assistance ?* N'est-il pas évident que le premier ménage la dignité des citoyens et augmente la richesse de l'Etat, tandis que le second avilit les particuliers et épuise le public?

Oui, citoyen Président, je le répète, parce que c'est le cri de ma conscience, — le *droit au travail nous sauvera et vous sauvera avec nous.* Ainsi donc ne vous laissez pas effrayer, je vous en conjure, par le fantôme désorganisateur que cette formule évoque, à cause de l'abus qui en a été fait. Ne vous préoccupez ni du bouleversement que des agitateurs ont pu vouloir susciter à l'aide de ces termes incompris, ni de la palingénésie que des pédants ont rêvée au moyen de cet autre *fiat lux.*

Ne songez qu'à la *conservation de la société*, qui résultera justement de *l'idée* qui semblait avoir surgi pour sa perte.

Je vais vous soumettre mon meilleur argument. C'est l'ébauche d'un projet de loi sur ce sujet si important. Mon plan est informe et confus, car je l'ai tracé à la hâte, mais j'espère qu'il vous convaincra que le *droit au travail* n'est pas une question *révolutionnaire, mais simplement une question de statistique et de science administrative*, qui n'est *sociale* que par les incalculables bienfaits qu'elle doit procurer à la *société.*

Je ne me flatte pas de vous voir accepter *ma solution*, mais peut-être vous amènerai-je à reconnaître qu'*il en faut une*, et à la demander, s'il y a lieu, à des investigateurs plus expérimentés que moi.

ÉBAUCHE D'UN PROJET DE LOI

SUR

L'ORGANISATION DU TRAVAIL.

TITRE I.

Dispositions générales.

Art. 1er. — A partir de la promulgation de la présente loi, les citoyens français auront la faculté d'acquérir le droit au travail, lorsqu'ils se trouveront placés dans les conditions qu'elle détermine.

Art. 2. — Le droit au travail permet à celui qui le possède d'exiger de l'Etat une occupation salariée dans les circonstances que la loi a prévues, et selon le taux qu'elle a fixé.

Art. 3. — Le droit au travail n'appartient naturellement à personne. Il est susceptible de s'acquérir et de se perdre. Il est essentiellement conventionnel, et ne repose que sur un engagement réciproque contracté entre l'Etat et le travailleur.

Art. 4. — Les citoyens qui voudront acquérir le droit au travail devront se faire délivrer une patente qui constate leur acquisition par le maire de la commune dans laquelle ils sont domiciliés. Pour obtenir cette patente, ils remettront un certificat signé par la moitié plus un des membres du conseil municipal, ou par des prud'hommes spéciaux et institués *ad hoc*. Ce certificat attestera : que le porteur est Français de naissance, ou par naturalisation ; — qu'il a satisfait à la loi sur le recrutement ; — qu'il n'a pas subi de condamnation judiciaire ; — qu'il ne jouit pas d'un revenu (ne provenant pas du travail lui-même) aussi élevé que celui qui est déclaré dans les titres suivants exclusif du droit au travail ; — qu'il possède la réputation d'un citoyen honnête et laborieux ; — qu'il a fait le noviciat spécifié dans les titres suivants.

Art. 5. — L'aspirant au droit devra en outre promettre par écrit (ou verbalement et devant deux témoins, s'il ne sait pas écrire) de payer par trimestre l'impôt déterminé dans les titres suivants.

Art. 6. — A dater de l'année **1860**, l'aspirant au droit au travail sera tenu, de plus, de fournir un brevet ou diplôme d'instruction primaire, secondaire ou supérieure, selon la profession qu'il veut exercer.

Art. 7. — Le droit au travail se perd par les causes suivantes : — la privation de la qualité de Français ; — une condamnation judiciaire quelconque ; — une inconduite ou une paresse de notoriété publique, constatée par le conseil municipal ou les prud'hommes spéciaux ; — le refus du travail privé, sans motif légitime, dûment constaté ; — l'acquisition du revenu que la loi déclare exclusif du droit au travail ; — le non paiement de l'impôt pendant six mois sans excuse valable ; — une suspension volontaire d'un an de la part du travailleur dans l'exercice de sa profession.

Art. 8. — Les citoyens pourvus de la patente recevront la désignation légale d'*ayant-droit au travail*, ou *travailleurs organisés* qui les distinguera des *travailleurs ordinaires* et *non organisés*.

Art. 9. — Il n'est rien changé à la situation des travailleurs qui ne veulent pas user de la faculté d'acquérir le droit au travail.

Art. 10. — Le droit au travail est agricole, industriel, libéral.

TITRE II.

Du droit au travail agricole (1).

Art. 1er. — Le nombre des patentes pour le droit au travail agricole est illimité. Il ne saurait en être refusé à quiconque satisfait aux exigences de la loi.

Art. 2. — Le noviciat agricole précédant la délivrance de la patente sera de cinq ans au moins.

Art. 3. — Le noviciat agricole ne sera exigible qu'à partir du 1er janvier 1852 (2).

Art. 4. — Les soldats non remplaçants seront toujours dispensés du noviciat, s'ils font leur demande pendant le courant de l'année qui suivra la fin de leur service.

Art. 5. — Le droit au travail agricole se perd par la possession d'un revenu de trois cents francs qui ne provient pas du travail lui-même.

Art. 6. — L'impôt que paie à l'Etat le travailleur agricole sera de cinq centimes par jour.

Art. 7. — Le salaire du travailleur agricole en chômage sera déterminé selon les circonstances de temps et de lieu par les prud'hommes spéciaux. Il ne pourra cependant nulle part être inférieur à un franc vingt-cinq centimes.

Art. 8. — Les ayants-droit au travail agricole auront la préférence sur tous autres travailleurs, et par rang d'ancienneté, pour toute colonisation qui s'effectuerait en France, en Algérie, ou dans les colonies quelconques qui dépendent de la France.

(1) J'entends par là le travail du cultivateur à gages, du terrassier, et de quiconque opère sur la terre.

(2) De cette manière on donnera au personnel trop nombreux de l'industrie le temps de revenir à l'agriculture.

TITRE III.

Du travail industriel (1).

Art. 1er. Le nombre des patentes pour le droit au travail industriel est limité. Il ne sera délivré de patentes qu'au fur et à mesure des vacances qui surviendront.

Art. 2. — Il sera dressé une statistique générale et locale, personnelle et raisonnée, précisant le nombre d'individus qui appartiennent actuellement à chaque profession, indiquant les probabilités de développement ou de restriction de chaque branche d'industrie, les risques de chômage qui s'y présentent et les aptitudes nécessaires pour y réussir.

Art. 3. — Cette statistique sera renouvelée chaque année et déposée à la mairie de chaque commune, où elle pourra être consultée par tous les habitants.

Art. 4. — Une moyenne sera prise à travers un grand nombre d'années sur le personnel ouvrier que comportent sans inconvénients les diverses carrières industrielles.

Art. 5. — Le nombre des patentes, dans chaque profession, ne devra jamais dépasser la moitié du chiffre auquel s'élèvera cette moyenne. La première délivrance des patentes s'effectuera dans chaque canton, après une répartition convenable, en raison de la date des demandes, jusqu'à épuisement de la moitié de la moyenne du personnel déterminée pour l'année 1849.

Art. 6. — Il sera délivré, outre les patentes d'ayant-droit, un nombre de brevets de surnumérariat égal à la moitié du nombre des patentes accordées.

(1) J'entends par là le travail de l'ouvrier proprement dit, travail manuel qui ne s'adresse pas à la terre et qui n'est point artistique.

Art. 7. — Les surnuméraires au droit remplaceront les titulaires ayant-droit au fur et à mesure des vacances, et par rang d'ancienneté dans leur canton.

Art. 8. — Outre les conditions générales exigées de tous les travailleurs qui veulent acquérir le droit au travail, les aspirants industriels (ouvriers) devront justifier de leur capacité par une épreuve que les prud'hommes spéciaux détermineront dans les diverses professions.

Art. 9. — Le revenu exclusif du droit au travail industriel est fixé à quatre cents francs.

Art. 10. — En cas de chômage, l'ayant-droit industriel pourra exiger de l'Etat le travail professionnel auquel il est habitué.

Art. 11. — En cas de chômage, le surnuméraire industriel ne pourra exiger de l'Etat que le travail, quelle que soit sa nature, qu'il conviendra à l'Etat de lui donner.

Art. 12. — Le noviciat pour obtenir la patente d'ayant-droit ou le brevet de surnuméraire est également de cinq ans.

Art. 13. — L'impôt payé par l'ayant-droit ou le surnuméraire indistinctement est de dix centimes par jour.

Art. 14. — Le salaire fourni par l'Etat, en cas de chômage, à l'ayant-droit sera fixé par les prud'hommes spéciaux, selon les circonstances de temps et de lieu et la nature de la profession. Il ne pourra cependant descendre au-dessous de deux francs.

Art. 15. — Le salaire du surnuméraire sera de moitié moins élevé que celui de l'ayant-droit dans la même localité.

TITRE IV.

Du travail libéral (1).

Art. 1er. — Les quatre premiers articles du titre précédent s'appliquent au travail libéral aussi bien qu'au travail industriel.

Art. 2. — Le nombre des patentes d'ayant-droit au travail libéral ne pourra s'élever qu'au centième, au plus du chiffre que présentera la moyenne du personnel prise sur un grand nombre d'années.

Art. 3. — Il sera délivré, outre les patentes d'ayant-droit, un nombre de brevets de surnumérariat égal à la moitié du nombre des patentes.

Art. 4. — Les surnuméraires au droit remplaceront les titulaires ayant-droit au fur et à mesure des vacances qui surviendront, et par rang d'ancienneté.

Art. 5. — Les patentes et les brevets seront délivrés, au chef-lieu d'arrondissement, à ceux qui auront réussi dans une épreuve que l'Institut va être appelé à déterminer pour chaque profession, et devant des examinateurs spéciaux désignés par lui, ou bien encore d'après des *titres éclatants* spécifiés aussi par l'Institut.

Art. 6. — Le revenu exclusif du droit au travail libéral est fixé à dix-huit cents francs pour la province, et trois mille francs pour Paris.

Art. 7. — En cas de chômage, les ayants-droit et les surnuméraires au travail libéral ne pourront pas exiger ri-

(1) J'entends tout travail intellectuel et non manuel, fût-il même commercial ou industriel dans le sens ordinaire, s'il s'agit de direction et non de main-d'œuvre.

goureusement leur travail professionnel et habituel. Ils seront tenus d'accepter toute besogne ou fonction non incompatible avec leurs aptitudes reconnues.

Art. 8. — Un noviciat de cinq ans est exigible, sauf le cas des *titres éclatants* spécifiés par l'Institut.

Art. 9. — L'impôt payé par l'ayant-droit ou les surnuméraires indistinctement est d'un franc par jour.

Art. 10. — Le salaire fourni par l'Etat en cas de chômage à l'ayant-droit est de dix francs par jour à Paris, et six francs dans les départements.

Art. 11. — Le salaire fourni par l'Etat au surnuméraire est de cinq francs par jour à Paris et trois francs dans les départements.

TITRE V.

Des voies et moyens d'exécution.

Art. 1er. — Les fonds résultant de l'impôt payé par les travailleurs sont spécialement destinés à acquitter les charges qui résulteront du chômage général, partiel ou individuel (1).

Art. 2. — S'il y a des sommes provenant d'un excédant de la recette sur la dépense, elles conserveront la même destination, et leurs intérêts se capitaliseront, ainsi que les intérêts des intérêts.

Art. 3. — Quand il y aura insuffisance, il y sera pourvu par un impôt extraordinaire sur toute la population, tant propriétaire qu'ouvrière ne chômant pas, et dont la répartition sera réglée par l'Assemblée législative siégeant alors.

(1) Si l'on objecte que l'impôt empêchera les travailleurs de réclamer le droit au travail, je répondrai que les plus *raisonnables* viendront les premiers et que les autres suivront. Il est bon d'ailleurs, pour la facilité de l'exécution, qu'ils ne se présentent pas tous à la fois.

Art. 4. — Cet impôt pourra être payé en *travail* par les propriétaires et les industriels maîtres, c'est-à-dire qu'ils pourront à leur choix ou acquitter la quotité pour laquelle ils sont imposés, ou dépenser une *somme double* en salaires donnés à des travailleurs inoccupés, qu'ils feront travailler à leur profit, sans congédier, bien entendu, ceux qu'ils occupaient auparavant.

Art. 5. — L'Etat réserve autant que possible pour *les temps de crise* les grands travaux de terrassement, voirie, construction, etc., etc., et les commandes industrielles ou commerciales pour les services publics.

Art. 6. — Si les travaux réservés par l'Etat n'emploient pas tous les ayants-droit au travail qui chôment, l'Etat subventionnera des propriétaires ou des industriels de manière à ce qu'ils puissent faire travailler, et ne créera de nouveaux travaux à son compte et sous sa direction que le moins possible, et en cas de nécessité absolue.

Art. 7. — Les fonctions rétribuées qui dépendent de l'Etat, dans la magistrature, le service de l'hygiène publique, les sciences, les arts, l'administration et l'enseignement seront destinées de préférence aux ayants-droit au travail libéral et acquitteront envers eux la dette de l'Etat, à moins que le traitement attaché à la fonction, joint au revenu que peut posséder l'ayant-droit, n'équivale pas au salaire que la loi lui accorde. Dans ce cas, l'Etat devra parfaire la différence pour qu'il se retrouve dans les conditions légales.

CONCLUSION.

Citoyen Président, *le droit au travail*, ainsi entouré de précautions, renfermé dans de justes limites, contribuant largement aux charges qu'il impose, ne présente plus évidemment ni dangers dans son principe, ni difficultés sérieuses dans son application.

Il ne s'agit plus d'une mêlée confuse des vocations allant

s'abattre sur les professions qui répondent à leurs calculs positifs ou à leurs attractions passionnelles, mais de l'accès ouvert aux dispositions de chacun, dans la mesure de l'intérêt de tous et sous le contrôle de la société elle-même.

La paresse et la turbulence n'exploiteront pas ce *droit*, puisqu'elles en entraînent la privation.

Enfin le sacrifice qu'il nécessite pour s'exercer est loin d'être écrasant, et au-dessus des forces sociales, comme on a pu se l'imaginer jusqu'à présent : car le travail manuel par la contribution qu'il accepte suffira (sauf les sinistres exceptionnels) aux dépenses qu'il occasionnera, et le travail intellectuel ne coûtera rien à l'Etat qui peut le payer avec *les fonctions* qu'il est déjà dans la nécessité de rétribuer (1).

Pendant que les inconvénients du *droit au travail*, envisagé pratiquement, s'annihilent, ou du moins se réduisent singulièrement, ses avantages demeurent immenses, et voici comment ils se répartissent :

La société y gagnera son repos et sa stabilité. En effet, tout prétexte étant ôté aux passions honnêtes, il ne reste, en dehors de la sphère harmonique, que les ambitieux, les intrigants et les paresseux, et le triage fait, on n'hésitera plus à sévir contre eux sans indulgence. Les travailleurs organisés placés dans une condition analogue à celle des *gens établis*, deviendront des champions de l'ordre non moins dévoués et plus énergiques, peut-être, que ces derniers. L'équilibre se rétablira peu à peu entre le personnel agricole insuffisant et le personnel industriel surabondant, d'après les dispositions qui règlent l'entrée de ces deux sortes de carrières, et cela, sans que personne puisse se plaindre d'être atteint dans sa liberté, attendu qu'il est per-

(1) Ma conception à l'égard du travail libéral n'est ici qu'en germe. Le temps me manque pour la développer. Je n'ai voulu provisoirement que faire fraterniser, sous le noble drapeau du travail, les ouvriers de l'intelligence et ceux de l'action. Du reste, on pourrait retarder la réalisation de cette troisième partie pour laquelle il y a moins d'urgence que pour les deux premières.

mis à chacun de rester à ses risques et périls en dehors de l'organisation, et de continuer à travailler comme il travaille en ce moment. La richesse publique s'accroîtra considérablement par l'emploi utile de l'activité qui se perdait dans le chômage.

Le *prolétaire* ne sera plus *prolétaire*, il deviendra *rentier*, moins le honteux privilége de *l'oisiveté* qui n'a rien d'enviable à ses yeux. Il aura un *revenu* certain, égal à celui de la plupart de ces *employés* qu'il jalouse quelquefois, et qui ne l'emportent sur lui que par la sécurité et nullement par le bien-être. Il se moralisera, car le déshonneur emporte la perte de son *droit*. Il contractera des habitudes de prévoyance et d'économie que la vie *au jour le jour* ne comporterait jamais; il savourera enfin sans mélange l'*amour* d'abord, et la *paternité* ensuite. Car il pourra dire à sa fiancée avec certitude : « Nous avons une somme de...., « tous les ans, et si les enfants viennent, ils seront les bien- « venus. » Le spectre hideux de la famine ne viendra pas s'asseoir entre eux et empoisonner les joies du festin nuptial.

Le bourgeois recevra une large part des bienfaits de ce *droit au travail*, contre lequel il maugrée à cette heure sans le comprendre. Il lui devra la paix de sa conscience, car la souffrance de ses frères agit souvent sur son âme comme un remords; il se réjouira d'avoir, avec une chétive obole, réparé une grande et ancienne iniquité.

Le riche, fût-il endurci dans l'égoïsme, se félicitera de ne plus voir ses plaisirs troublés par les menaces du désespoir.

Mais c'est vous surtout, citoyen Président, qui recueillerez les fruits les plus exquis de ce précieux *droit au travail*. Par lui vous aurez conquis l'affection des hommes de cœur de toutes les classes et de tous les pays. Vous aurez de plus *fait vôtre*, pour toujours, *vôtre*, entendez-vous bien? la portion la plus saine, la plus virile, la plus dévouée de toute la population française. Il dépend de vous, citoyen, que la *montagne* ne soit plus qu'un *anachronisme*, le *socialisme* un *rêve*, et le *napoléonisme* seul une *vérité*.

Et cette fois, le *napoléonisme* s'élèvera presque à la hauteur d'une religion, car les deux grandeurs se compléteront mutuellement, et les Français, justement idolâtres, pourront signaler ainsi le double bienfait de votre famille :

Les deux Napoléon remplissent notre cœur :
L'un nous donna la gloire, et l'autre le bonheur.

Et alors, que le grand dilemme *cosaque ou républicaine* vienne à se poser nettement, l'Europe sera *républicaine* par nos armes libératrices, dont l'*union fera la force*, si elle ne l'est pas d'avance par la puissance irrésistible de notre exemple.

Loin de moi, citoyen Président, toute folle présomption et tout entêtement systématique ; je ne prétends pas qu'il est indispensable de faire précisément ce que ma conscience m'a contraint de vous conseiller, mais je dis, avec une ardente et profonde conviction, qu'il faut que vous fassiez *quelque chose*, quelque chose de prompt, de grand et d'efficace ; car le *statu quo* ne saurait manquer de nous être mortel (1).

Osez donc des réformes salutaires, et lorsque la durée assignée à vos fonctions atteindra son terme, sans doute la nation, par respect pour elle-même et par sollicitude pour l'avenir, vous permettra de remplir un devoir sacré en déposant le pouvoir qu'il vous a confié.

Mais elle sera impatiente de le remettre entre vos mains quatre ans plus tard, et pendant l'intervalle si sagement fixé par la Constitution, votre influence sur les conseils de

(1) Consultez à ce sujet le seul de vos partisans qui soit capable de marcher entre l'utopie et la routine, sans se heurter contre l'un de ces deux écueils, M. Emile de Girardin, avec la personne duquel je ne sympathise nullement, mais dont je ne puis méconnaître la haute portée gouvernementale.

la patrie ne cessera pas un seul instant d'être toute-puissante.

Les sages vous appelleront le *Washington de l'ancien monde*, *le peuple* saura inventer un *nom* qui dépassera tous les *noms*, comme votre *œuvre* aura dépassé toutes les *œuvres*.

Moi seul, pénétré de reconnaissance pour le bien que vous aurez fait à la patrie, mais habitué à redouter la faillibilité humaine, je resterai fidèle à ma mission volontaire. Ma voix libre et amie, dominant le concert ravissant de ces éloges mérités, fera de loin en loin parvenir à vos oreilles ces paroles préservatrices : *Souviens-toi qu'un Napoléon est un homme.*

Imp. de Pommeret et Moreau, quai des Grands-Augustins, 17.

www.ingramcontent.com/pod-product-compliance
Lightning Source LLC
LaVergne TN
LVHW020253230826
846091LV00006B/2384

9782011792990